Mediação
familiar
transdisciplinar

Dados Internacionais de Catalogação na Publicação (CIP)
(Câmara Brasileira do Livro, SP, Brasil)

Mediação familiar transdisciplinar : uma metodologia de trabalho em situações de conflito de gênero / Maria Coleta Oliveira [et al.]. – São Paulo : Summus, 2008.

Outros autores: Malvina E. Muszkat, Sandra Unbehaum, Susana Muszkat
Bibliografia.
ISBN 978-85-323-0523-7

1. Administração de conflitos 2. Mediação 3. Mediação familiar 4. Psicologia social 5. Relações interpessoais 6. Solução de problemas 7. Violência familiar I. Oliveira, Maria Coleta. II. Muszkat, Malvina E. III. Unbehaum, Sandra. IV. Muszkat, Suzana.

08-07988   CDD-303.69

Índices para catálogo sistemático:

1. Conflitos familiares : Mediação : Sociologia   303.69
2. Mediação familiar transdisciplinar : Sociologia 303.69

Compre em lugar de fotocopiar.
Cada real que você dá por um livro recompensa seus autores
e os convida a produzir mais sobre o tema;
incentiva seus editores a encomendar, traduzir e publicar
outras obras sobre o assunto;
e paga aos livreiros por estocar e levar até você livros
para sua informação e seu entretenimento.
Cada real que você dá pela fotocópia não autorizada de um livro
financia um crime
e ajuda a matar a produção intelectual de seu país.

Malvina E. Muszkat
Maria Coleta Oliveira
Sandra Unbehaum
Susana Muszkat

Mediação familiar transdisciplinar

Uma metodologia de trabalho em situações de conflito de gênero

summus
editorial

MEDIAÇÃO FAMILIAR TRANSDISCIPLINAR
Uma metodologia de trabalho em situações
de conflito de gênero
Copyright © 2008 by autoras
Direitos desta edição reservados por Summus Editorial

Editora executiva: **Soraia Bini Cury**
Assistentes editoriais: **Bibiana Leme e Martha Lopes**
Capa: **Sylvia Mielnik e Nelson Mielnik**
Projeto gráfico e diagramação: **Acqua Estúdio Gráfico**

Summus Editorial

Departamento editorial:
Rua Itapicuru, 613 – 7º andar
05006-000 – São Paulo – SP
Fone: (11) 3872-3322
Fax: (11) 3872-7476
http://www.summus.com.br
e-mail: summus@summus.com.br

Atendimento ao consumidor:
Summus Editorial
Fone: (11) 3865-9890

Vendas por atacado:
Fone: (11) 3873-8638
Fax: (11) 3873-7085
e-mail: vendas@summus.com.br

Impresso no Brasil

Agradecimentos

As autoras agradecem às instituições que permitiram a realização deste livro. São elas: Fundação de Amparo à Pesquisa do Estado de São Paulo (Fapesp); Programa de Apoio a Projetos em Sexualidade e Saúde Reprodutiva (Prosare) da Comissão de Cidadania e Reprodução (CCR); Núcleo de Estudos de População (Nepo) da Universidade Estadual de Campinas (Unicamp); Pró-Mulher, Família e Cidadania (PMFC); Defensoria Pública de São Paulo; e a não mais existente Procuradoria de Assistência Judiciária (PAJ) da Procuradoria Geral do Estado de São Paulo (PGE).

Instituições não existem nem desempenham seu trabalho sem as pessoas que se dedicam a elas. Dessa forma, em cada uma das organizações mencionadas, inúmeras pessoas contribuíram para o sucesso do projeto do qual este livro faz parte. A elas, o reconhecimento da equipe.

Sumário

APRESENTAÇÃO 9

PARTE I

A mediação e outros conceitos fundamentais

    1. Conflitos 15

    2. Mediação de conflitos:
       a construção de um novo paradigma 19

    3. Relações de gênero 27

    4. Família como *locus* de conflitos 31

    5. Violência intrafamiliar 37

    6. Assegurando direitos eqüitativos
       e agilizando a resolução de conflitos 41

PARTE II

O método da mediação familiar transdisciplinar:
um modelo de aplicação

7. Mediação familiar transdisciplinar.................. 47

8. Um modelo de atendimento e acolhimento... 53

9. Por que realizar GPMs?.................................. 65

10. Recomendações para a aplicação da mediação
familiar transdisciplinar.................................... 87

SUGESTÕES DE LEITURA E DE FONTES DE PESQUISA 99

Apresentação

O livro que você tem em mãos foi elaborado especialmente para oferecer subsídios a gestores do setor público ou privado interessados em adotar a mediação familiar transdisciplinar para atender populações de baixa renda em situações de conflito. A obra também tem o objetivo de promover uma reflexão sobre a violência, suas várias formas de se manifestar e seus protagonistas.

A proposta é fruto de um projeto de avaliação da mediação familiar transdisciplinar, realizado para auxiliar nas políticas públicas e nos programas de várias instituições que defrontam com o gerenciamento de conflitos.

A Pró-Mulher, Família e Cidadania (PMFC) é uma organização do terceiro setor que, desde 1977, dedica-se à prevenção e à redução da violência no âmbito familiar. Por meio do estudo de novos métodos de intervenção, tem contribuído com dados de pesquisa e com publicações que refletem sua missão de buscar formas eficientes de abordagem dos conflitos e da violência.

Este livro é o resultado da parceria entre a PMFC e o Núcleo de Estudos de População (Nepo) da Unicamp, que, com uma equipe independente, avaliou a experiência de mediação familiar transdisciplinar desenvolvida para atender situações de conflito e violência intrafamiliar.

A primeira parte traz conceitos básicos da metodologia de trabalho, que devem ser levados em conta na implementação da abordagem ou na elaboração de um programa de formação/capacitação de profissionais que desejem trabalhar com a mediação familiar transdisciplinar. São abordados, de forma breve e resumida, conceitos e noções como mediação, mediação de conflitos, relações de gênero, violência intrafamiliar e direitos humanos.

A segunda parte detalha um modelo de aplicação da mediação familiar transdisciplinar, com base na experiência da PMFC em dois contextos institucionais distintos: a sede da organização não-governamental PMFC e o serviço gratuito de assistência judiciária oferecido pela então Procuradoria de Assistência Judiciária (PAJ), estrutura estadual de São Paulo que antecedeu a criação da Defensoria Pública. A avaliação dessas experiências origina recomendações e sugestões importantes para que a mediação familiar transdisciplinar possa ser bem-sucedida como política pública.

Por fim, apresentam-se sugestões de leituras complementares para os interessados em aprofundar seus conhecimentos sobre os temas abordados aqui.

A mediação
e outros conceitos fundamentais

PARTE 1

Conflitos

CAPÍTULO 1

Os conflitos fazem parte da vida humana, sejam eles subjetivos (intrapessoais), sejam intersubjetivos (interpessoais). Eles costumam ser encarados como indesejáveis ou como sinais de fraqueza, o que provoca a necessidade de superá-los em vez de elaborá-los, ou seja, de entendê-los, transformando-os em oportunidades de melhorar a qualidade dos relacionamentos pessoais ou sociais. Em decorrência dessa visão, as pessoas procuram evitá-los, utilizando diferentes mecanismos que caracterizam formas de comunicação diversas.

Mecanismos mais comuns de resposta

1. Negação: "*Não tenho conflitos*"
2. Racionalização: "*Estou acima disso*"
3. Acomodação: "*Deixa pra lá*", "*Isso passa*"
4. Evitamento: "*Prefiro não mexer com isso*"
5. Rompimento total: "*Nunca mais quero vê-lo/la*"
6. Retaliação: "*Vou me vingar dele/a*"
7. Diálogo: "*Quando você faz isso, eu me sinto assim...*"

As formas destacadas no quadro mostram tipos de funcionamento mental que variam de pessoa para pessoa. Frases assim costumam ser utilizadas diante de situações de conflito. Não tomar uma atitude diante de um conflito também é uma forma de reação. Por exemplo:

*"Sempre que estou diante de um conflito,
deixo o barco correr e vou empurrando com a barriga..."*

Mas nem sempre as pessoas utilizam essas formas automáticas de reação. Elas podem fazê-lo também para lidar estrategicamente com uma situação difícil. Nesses casos, o sujeito decide como reagir. É o que se chama de *exercício do livre-arbítrio*, um modo de elaboração *intra-subjetivo*, interno ao sujeito, de um conflito. Exemplos:

*"Naquele dia em que o meu chefe me maltratou,
eu decidi fazer de conta que não percebi nada."*

*"Quando meu marido bebe, eu prefiro sair de perto,
porque sei que vai sobrar para mim."*

Também nos casos de retaliação, a reação violenta pode ser intencional; pode ter um intuito "educativo": *"Vou lhe ensinar a me respeitar"*; ou evidenciar um descontrole emocional, como nos casos de violência física.

Passado o momento de grande emoção, algumas pessoas conseguem se avaliar e se desculpam com aquele[1] que agrediram. Entretanto, preconceitos e discriminações são grandes geradores de conflitos e dificultam qualquer tipo de auto-avaliação, como no caso de homens autores de violência, segundo os quais *"homem que é homem não pode fraquejar com mulher"*.

Quanto menos seguras as pessoas se sentem, menos alternativas encontram para lidar com seus conflitos. Em um processo de conflito interpessoal, é possível desenvolver e adquirir as condições necessárias para aprimorar as relações sociais, o que fundamenta a proposta transformadora da prática da mediação. A compreensão e a prática das noções de alteridade, cooperação, solidariedade e reparação auxiliam na administração pessoal de conflitos. A isso se denomina *elaboração do conflito interpessoal*.

---

1   Seguindo um padrão da editora, optamos por utilizar o substantivo masculino, embora nosso desejo seja contemplar igualmente o gênero feminino.

Mediação de conflitos:
a construção de um novo paradigma

CAPÍTULO 2

O método da mediação de conflitos surgiu no curso de Direito da Universidade de Harvard e foi criado como alternativa extrajurídica com fins pragmáticos, por exemplo: aliviar o Judiciário, baratear processos jurídicos, garantir o sigilo referente a litígios entre grandes empresas, resolver enfrentamentos políticos e internacionais. Trata-se de uma forma pacífica de resolução de conflitos, em que uma pessoa neutra (o mediador) ajuda as partes a superar suas diferenças por meio de três técnicas: a conciliação, a mediação e a arbitragem.

Essas três técnicas têm em comum a negociação. A distinção principal entre elas está no papel do mediador e em seu nível de participação na resolução do conflito. Entretanto, todas são consideradas igualmente técnicas de mediação, desde que respeitem os princípios básicos da abordagem: saída pacífica, respeito ao princípio de alteridade e aos direitos individuais.

Apoiado nos paradigmas das ciências contemporâneas, o método, em vez de trabalhar com verdades absolutas, sempre teve como objetivo aceitar a complexidade dos fenômenos interpessoais, o que permitiu ampliar sua aplicação aos diversos campos das relações humanas. Em seus dez primeiros anos de existência, a mediação alcançou enorme expansão internacional no mundo empresarial, passando a abranger, concomitantemente, outros campos de ação nas esferas pública e privada. No campo penal, mesmo sofrendo maior resistência, acabou ganhando espaço no atendimento a jovens com condutas delituosas, visto que o método possibilita eficiência preventiva e atenção à vítima.

À medida que ganhava espaço internacional, a mediação também adquiria contornos específicos com base na experiência prática, assimilando as diferenças culturais e a natureza dos conflitos. No processo de ampliação de seus campos de ação, considerando seus princípios básicos, enriqueceu-se de forte conteúdo humanitário, impregnado de utopia desejável em um final de século marcado pela exacerbação das intolerâncias, pela violência e pelo temor. Em lugar de imputar sentenças, a mediação procura dar voz às partes em conflito, estimulando-as a encontrar as próprias soluções.

A mediação de conflitos solicita de cada pessoa envolvida a explicitação de seu posicionamento diante de suas necessidades, crenças e expectativas. Em seguida, convida a pessoa a adaptar essas necessidades às possibilidades reais de um acordo a ser cumprido. Isto é, transfere a responsabilidade das decisões para as partes interessadas, retirando de um terceiro – juiz ou mediador – o poder de julgamento.

Na concepção tradicional, orientada pelo registro da vítima, a idéia de justiça é a de que, se uma pessoa está certa, a outra deve estar errada. É por esse motivo que, na prática do Direito, o defensor de uma não pode ser o defensor da outra. A mediação, ao contrário, não trabalha com vítimas, mas com protagonistas. Dessa maneira, a metodologia da mediação procura dar às pessoas autonomia e autodeterminação, conferindo-lhes a liberdade de decidir. Ao trabalhar com ambas as partes – em oposição à prática jurídica adversarial – e resgatar a responsabilidade de cada uma pela situação geradora do conflito, permite que, feitos os devidos reparos, elas consigam se comunicar e buscar formas pacíficas de obter o que considerarem justo na solução do enfrentamento.

A forma tradicional de dirimir conflitos apóia-se na lógica adversarial, utilizada pela Justiça, em que sempre um ganha e o outro perde. A mediação de conflitos, diferentemente, baseia-se na lógica da parceria e, por isso, representa um novo paradigma: *"Eu tenho um problema; você tem um problema. Por que não o resolver juntos, já que poderemos os dois sair ganhando?"*

Em qualquer conflito de interesses, para atender às necessidades dos indivíduos é importante

- levar em conta as diferenças entre as partes;
- não fazer suposições;
- perguntar para esclarecer;
- escutar a resposta.

Um caso de lógica adversarial pode ser exemplificado pela história de dois meninos que disputam uma laranja. Enquanto brigam pela fruta, a mãe, ansiosa por encerrar a discussão, propõe dividir a laranja ao meio. Os meninos não ficam satisfeitos com a proposta, pois um quer a laranja para fazer suco e o outro precisa da casca para fazer uma dentadura de vampiro. Ou seja: a divisão "justa" que a mãe almeja não resolve o problema dos meninos.

Trata-se de uma situação comum em grande parte dos litígios. Isso porque a Justiça, formal ou informal (como a praticada pela mãe), não costuma levar em conta as distintas e diversas necessidades das pessoas.

Breve histórico da mediação de conflitos

Estilos conciliatórios para solucionar conflitos ganharam importância nos Estados Unidos a partir da década de 1970 e deram origem ao que hoje se denomina *políticas de pacificação*.

Desde os anos 1960, a cultura ocidental, marcada pelas lutas a favor dos direitos civis, sociais, políticos e econômicos, vem se voltando para uma reflexão sobre as leis e suas formas de aplicação. No século XXI, a preocupação com a justiça tem sua face voltada para a *solidariedade*, a *pacificação* e a *humanização* dos processos litigiosos. Nesse novo contexto, a *ética da reparação* surge como alternativa ou complemento à *moral da punição*. O afeto aparece como novo valor jurídico e restitui ao *sujeito de direito* sua aspiração, como um valor a ser considerado, resgatando o *sujeito de desejo*[2]. Esse é um dos princípios que justificam o Projeto de Lei nº 2285/2007 sobre o Estatuto das Famílias, em tramitação na Câmara Federal.

O surgimento da Psicanálise, os movimentos feministas e os avanços da Física são acontecimentos que, entre outros, contribuíram para o questionamento da ordem universal dos fenômenos, evidenciando sua complexidade, em especial a do ser humano, e suas ambigüidades.

A exposição e a aceitação da *complexidade humana* demandam um salto epistemológico, cuja conseqüência é a superação da lógica dualista do certo/errado em direção a uma lógica inter-relacional, em que todos os atores são

---

2   Essa idéia representa o resultado de um diálogo interdisciplinar que vem acontecendo entre o Direito e a Psicanálise, para o qual inúmeros grupos – entre eles, o Instituto Brasileiro de Direito de Família (IBDFAM) – têm se voltado com o intuito de resgatar o afeto como valor jurídico.

co-responsáveis pelas relações que estabelecem entre si. Surge o conceito de *co-participação responsável*, que integra as idéias de intersubjetividade e de co-construção de poderes, incluindo o protagonismo das partes envolvidas, numa relação.

Relações de gênero

CAPÍTULO 3

Gênero é um conceito formulado pelas ciências humanas para explicar como são construídas e de que forma se manifestam as diferenças culturais entre os sexos, e qual a relação dessas diferenças com as desigualdades e as discriminações. Embora existam divergências teóricas na definição e utilização desse conceito entre a Sociologia, a Antropologia e a História, sua base é "o raciocínio de que há machos e fêmeas na espécie humana, mas a maneira de ser homem ou de ser mulher é socialmente construída, ou seja, pela cultura" (Heilborn, 2001, p. 38). Portanto, os gêneros são produtos da realidade social, e não apenas da natureza. Por isso, certos homens e mulheres são muito diferentes entre si, dependendo dos meios social e cultural em que vivem. Isso significa que mesmo as relações de gênero diferem de uma sociedade para outra.

A espécie humana é essencialmente dependente da socialização. Segundo Heilborn (2001), é comum a idéia de que existe um tipo de personalidade ou padrão de comportamento para cada um dos sexos. Na sociedade ocidental, espera-se que os homens sejam viris, machos, heterossexuais, determinados e fortes. Das mulheres, espera-se que sejam maternais, delicadas, femininas e dóceis. Contudo, um olhar mais atento à realidade social revela uma diversidade de condutas e comportamentos nem sempre correspondente a esse modelo hegemônico.

A idéia de que existe um padrão de masculinidade e um de feminilidade é muito marcada pela Biologia. No entanto, estudos têm mostrado que o comportamento humano varia de uma sociedade para outra. A existência humana baseia-se nas relações sociais que as pessoas estabelecem entre si. São nossas ações que constroem as relações sociais, e quando elas são aceitas pelas pessoas ou quando nos satisfazem, a tendência é que as repitamos, estabelecendo uma conduta. Esta, quando aceita pela sociedade, fundamenta normas informais e formais, que acabam sendo vistas como naturais.

Um bom exemplo de assimilação das normas criadas pela sociedade é o uso que fazemos da linguagem. Nascemos dentro do universo da linguagem, que é justamente o que nos difere de outros animais: a capacidade de nos comunicar, de estabelecer significados, valores e desejos por meio desse código.

Por isso, nada parece mais natural a uma criança que os nomes pelos quais ela designa os sentimentos, os objetos e as pessoas que a cercam. O *gênero*, nesse sentido, é também uma linguagem, uma forma de comunicação, uma ordenação do mundo que orienta a conduta das pessoas em suas relações específicas e que, muitas vezes, é a base para preconceitos, discriminação e exclusão social. Por exemplo, expressões como *"Lugar de mulher é na cozinha!"*, *"Mulher não deve pilotar carro, mas fogão!"* e *"Homem que é homem não chora!"* reiteram idéias e reforçam determinado estereótipo de gênero. Assim, *gênero* é mais do que um modo como as pessoas se relacionam, é também um jeito de olhar e de compreender a realidade.

O mais importante é saber que, por se tratar de uma construção social, esses significados de gênero podem e devem ser desconstruídos e modificados, principalmente quando estimulam ou reafirmam a desigualdade, a opressão e a violência.

Família como *locus* de conflitos

CAPÍTULO 4

A família como organização social representa o primeiro núcleo de constituição e de socialização dos indivíduos. É por meio do exercício dos cuidados materno (maternagem) e paterno (paternagem), ou dos responsáveis pelos cuidados na criação da criança, que se constrói o sujeito psicossocial. Sabe-se que, para que uma sociedade ou um grupo funcione, é preciso haver uma divisão de tarefas. E parece natural que, em um primeiro momento, essa divisão se estabeleça de acordo com o gênero. A capacidade das mulheres de procriar – uma característica biológica – contribuiu, ao longo da história da humanidade, para reforçar essa divisão sexual das tarefas. Durante muito tempo, as principais funções da mulher eram engravidar e cuidar dos filhos e da família. Em contrapartida, cabia ao homem garantir que nada faltasse para a família. Hoje, apesar de muitas mulheres não serem somente donas-de-casa, e de muitos homens participarem do universo doméstico familiar de maneira mais sistemática, espera-se que o homem seja, sobretudo, um bom provedor. Nesse sentido, a mulher é muitas vezes vista como coadjuvante. De forma análoga, diz-se do homem voltado ao universo doméstico que "ele é como uma mãe", ou que "é pai e mãe", ou ainda "coitado, a mulher não faz seu dever", evidenciando a naturalização das funções atribuídas ao masculino e ao feminino.

A divisão sexual do trabalho, isto é, a divisão de tarefas entre masculinas e femininas, existe em todas as culturas. No entanto, ela não se baseia na natureza biológica, como freqüentemente se acredita; quem determina quais tarefas serão atribuídas a um ou a outro sexo é a sociedade, o grupo.

A chamada *família nuclear* de hoje tem origem no século XVIII, produto das transformações que ocasionaram a separação da esfera pública e do mundo privado. As mudanças que antecederam a Revolução Industrial provocaram o que se convencionou chamar de *privatização* ou *domesticação* da família. Essa forma de organização é constituída de pai, mãe e sua prole – além de possíveis agregados, parentes consangüíneos ou não –, todos tutelados pela figura central do pai.

Nesse modelo de família, cada membro tem funções bem definidas, cabendo ao homem a aquisição e a distribuição de bens e à mulher a produção de sujeitos. As relações baseiam-se nos princípios de hierarquia, subordinação, poder e obediência. O foco está mais no cumprimento das normas impostas do que na qualidade das inter-relações. Em matéria de direitos e deveres, por exemplo, as mulheres não são iguais aos homens, os filhos não são iguais a seus pais e as crianças não são iguais aos adultos. Na família nuclear há mais espaço para a flexibilização dos poderes. Quando ela se afasta desse modelo, é considerada "desestruturada". E atribui-se a esse modelo dito desestruturado, já que distinto do preconizado como normal, a maior incidência de desvios de conduta dos filhos, sendo freqüente a atribuição da mãe como culpada ou responsável por possíveis fracassos. Afinal, na complementaridade da divisão das tarefas, caberia à mulher cuidar dos filhos e educá-los.

Essa divisão e a forma como é valorizada e reconhecida em nossa sociedade geram uma série de conflitos. O funcionamento e a organização das famílias se baseiam na distribuição dos poderes, mas também dos afetos, e tendem a criar uma dinâmica complexa de competições e disputas no espaço doméstico. É equivocado pensar que essas disputas sejam orientadas exclusivamente pelas lutas de poder entre os sexos, porque são também motivadas pela conquista de espaços que garantam o amor, o reconhecimento e a proteção, necessidades básicas da condição humana. Ou seja, ao contrário da visão comumente romantizada de família, o espaço familiar é densamente carregado de conflitos. O nível de intimidade e de disputa dos afetos estimula sentimentos ambíguos de amor e ódio, aliança e competição, proteção e domínio entre todos os membros de uma família. Pais e mães não são apenas amorosos e protetores, podendo também ser cruéis com seus filhos, assim como entre si; irmãos podem ser cruéis uns com os outros ou com seus pais, e assim por diante.

Essa dinâmica gera uma espécie de paradoxo, em que a prática da disputa parece ser incompatível com o desejo de união e de manutenção da família. Entretanto, os dois pólos coexistem lado a lado. Além disso, é preciso considerar que, embora o modelo nuclear de família ainda seja valorizado pelas sociedades ocidentais, os papéis e funções não obedecem mais aos padrões da família hierarquizada. As mudanças nos papéis sociais de homens e mulheres, com o compartilhamento do chamado *pátrio poder* entre pais e mães, a expansão do divórcio e as novas formas de união conjugal e de arranjos familiares – várias delas reconhecidas no Brasil pela Constituição de 1988 –, produziram a necessidade de ressignificar a família e seus conflitos, levando em conta seus aspectos mais complexos. A união homossexual, no entanto, ainda não é reconhecida.

O que se observa é que, quando as regras que vigoravam nas relações familiares sofrem as alterações às quais temos assistido, as pessoas experimentam outras maneiras e possibilidades de convivência. Em uma situação como essa, marcada por mudanças e reajustes permanentes, fazem-se necessárias constantes negociações e acordos entre os membros da família. Isto é, cada vez mais se transita de uma parceria conjugal normatizada para uma parceria que exige o protagonismo dos sujeitos. Dizendo de outra forma: deverão ser autores das próprias histórias. Assim, a passagem de um sistema de organização de família normatizado e hierárquico para um sistema de vínculos mais igualitários marca um passo em direção à democratização da família, contribuindo para a promoção da igualdade de direitos e responsabilidades.

É necessário, para tanto, reequilibrar poderes, derivando daí a noção de *empoderar as mulheres*, que eram, até algum tempo atrás, o pólo mais frágil na dinâmica de poderes de um casal. Faz-se igualmente preciso rever com elas e com os homens os modelos de masculinidade e de feminilidade que orientam as relações sociais em nossa cultura, com o intuito de superar diferenças de poder e desigualdades entre os sexos. Essa é mais uma das razões que justificam e endossam a utilização da mediação transdisciplinar de conflitos.

São nas famílias com baixo nível socioeconômico que mais se encontram as ambigüidades resultantes da passagem da organização familiar hierárquica para a mais igualitária. Alguns estudos sustentam que, nesses segmentos sociais, as relações de gênero tendem a ser concebidas e praticadas de modo mais rígido e mais assimétrico. Com freqüência, os conflitos decorrem de um rompimento com as atribuições que se esperam socialmente de um homem e de uma mulher. É como se houvesse entre os cônjuges ou parceiros um contrato implícito, apoiado nas expectativas de gênero. Como a realidade exige outras soluções, instaura-se o conflito, abrindo espaço para a manifestação da violência.

Violência intrafamiliar

CAPÍTULO 5

A denominação *intrafamiliar* para definir a violência de gênero no âmbito das relações familiares decorre do fato de a manifestação da violência ser um fenômeno que atinge todos os membros da família, indistintamente: quem sofre a agressão e quem agride, cada um à sua maneira. Pensando na família como um grupo de convivência, é impossível isolar qualquer um de seus integrantes do impacto que a violência e/ou conflitos exercem sobre o conjunto.

Quanto às causas dessa violência, observa-se que ela obedece a distintas lógicas:

- é uma forma de reafirmar o poder de um indivíduo sobre outro;

- quando praticada por homens, reproduz um modelo de relação que naturaliza a hegemonia do poder masculino sobre a família e, portanto, sobre a mulher;

- atos violentos são também tentativas de eliminar um conflito, apontando uma dificuldade de comunicação e de acesso a outros mecanismos de resolução da contenda;

- a violência pode ser utilizada como forma de comunicação, em que gritar, bater e xingar são modos aprendidos de expressão. Por exemplo, muitas mães e muitos pais batem nos filhos com fins pedagógicos.

Tais concepções e comportamentos podem ser desconstruídos e reconstruídos com base em práticas que permitam questionar as noções preconcebidas e preconceituosas. O exercício da reflexão e a experimentação promovida por terceiros – mediadores, por exemplo – podem ampliar as alternativas de conduta em situações de conflito, auxiliando as pessoas a se liberar da reprodução de reações impulsivas. Essa é a aposta da mediação familiar interdisciplinar.

Assegurando direitos eqüitativos e agilizando a resolução de conflitos

CAPÍTULO 6

Os operadores do Direito interpretam as leis à luz de seus paradigmas, aplicando-as segundo influências de suas crenças e princípios morais. Não há como escapar disso; todos estão insertos na cultura. A lei, por sua natureza, tem limites para dialogar com a diversidade e com as necessidades das diferentes classes sociais, etnias e religiões. Da mesma forma, a troca transdisciplinar é tarefa difícil, uma vez que requer a suspensão temporária de pontos de vista, regras e procedimentos próprios a cada uma das disciplinas no tratamento de uma questão. Assim são as dificuldades da troca transdisciplinar entre o Direito, a Psicologia e a Antropologia.

Os desafios implicados pela interdisciplinaridade são notadamente evidentes no âmbito do Direito de Família. As normas não se alteram com a mesma rapidez das mudanças sociais, pois dificilmente levam em conta o conhecimento produzido pelas disciplinas que têm nessas mudanças seu objeto primordial.

Na década de 1970, a mediação de conflitos veio preencher um vazio na promoção dos direitos da família. Originalmente orientada para fins de negócios, foi rapidamente absorvida pelos operadores do Direito como um instrumento potente para tornar o processo jurídico mais ágil. Outras disciplinas voltadas para as questões psicossociais reconheceram, na mediação de conflitos, princípios mais compatíveis com os ideais contemporâneos de protagonismo, responsabilidade, tolerância e paz que os do formalismo legal. Hoje, a mediação de conflitos é tomada crescentemente como uma metodologia de conscientização social e de promoção da cidadania, manifestações indispensáveis a uma "cultura da paz".

No entanto, a mediação não elimina a presença do Judiciário. Cabe ao sistema de Justiça dirigir o processo legal e homologar os acordos obtidos pela via do consentimento mútuo. A mediação torna o processo mais eqüitativo e legítimo. Ao identificar e abordar o conflito oculto, contribui para a pacificação das partes. Além disso, a reparação por meio da mediação tende a apresentar um resultado mais efetivo que o do processo judicial conduzido pela lógica adversarial. Isso porque um processo mediado pode exprimir melhor a realidade dos fatos, estimulando a co-responsabilidade das partes na resolução do conflito. Ou seja, a mediação é oportuna tanto para as pessoas que procuram justiça como para o próprio Judiciário, pois permite estabelecer acordos que atendam melhor aos interesses e às necessidades dos indivíduos, agilizando os processos.

O método da mediação familiar transdisciplinar:
um modelo de aplicação

PARTE 2

Mediação familiar transdisciplinar

CAPÍTULO 7

A mediação familiar transdisciplinar está fundamentada na teoria da Mediação de Conflitos, porém é adaptada às especificidades de cada realidade cultural e demanda populacional. Esta parte do manual apresentará uma espécie de passo-a-passo do método de mediação familiar transdisciplinar, com base na experiência construída pela PMFC e nos resultados da avaliação realizada pela equipe independente já mencionada. O objetivo é servir de inspiração e de referência para instituições públicas ou privadas interessadas em usar a mediação como ferramenta pedagógica e/ou estratégia na busca de soluções para conflitos.

O método baseia-se na premissa de que a violência intrafamiliar requer alternativa de intervenção pacífica e construtiva, capaz de transformar mentalidades e propiciar novas formas de comunicação. A adaptação do método a camadas populares envolvidas no contexto da violência de gênero propõe equiparar poderes e promover o protagonismo, desconstruindo a dicotomia vítima/agressor e estimulando a atuação segundo uma lógica relacional.

A mediação familiar transdisciplinar, como o próprio nome diz, compreende como primeiro requisito a formação de uma equipe *multidisciplinar*, com várias competências que se complementam, oferecendo à clientela uma assistência integral. Psicólogos e assistentes sociais têm, de modo geral, uma formação profissional que favorece o exercício da mediação em sua rotina de trabalho, já que a ética profissional adotada tem elementos típicos desse método, ainda que não a nomeiem conscientemente. No entanto, a análise e a própria configuração do conflito dependem da integração transversal de visões de diferentes disciplinas, estando, assim, fora do alcance ou da percepção de uma só especialidade profissional. A mediação familiar transdisciplinar requer, portanto, a integração entre Direito, Psicologia, Serviço Social e Ciências Sociais.

A pesquisa da avaliação, por exemplo, mostrou a necessidade de desenvolver sensibilidades que não são próprias de uma formação disciplinar ou profissional específica. Comumente, as áreas profissionais desenvolvem práticas repletas dos "cacoetes" da especialidade respectiva. Porém, as pessoas que demandam assistência na área de família trazem situações, emoções e experiências de vida complexas e com conteúdos distintos, cuja identificação deve ser feita sem reduções e cuja tradução não deve trair seu sentido. Por isso, é fundamental que todas as pessoas envolvidas no trabalho tenham capacitação em mediação, independentemente do nível de contato que venham a ter com quem procura o serviço. Esse procedimento visa garantir a utilização de paradigmas e de repertório comuns a toda a equipe.

O papel da *transdisciplinaridade* é justamente constituir um *conhecimento em rede* que permita a integração de diferentes paradigmas para atender necessidades diversas. Por exemplo, quando um caso é encaminhado, é fundamental considerar não apenas seus aspectos legais, mas também as configurações sociais e emocionais dos envolvidos. Consideram-se as idiossincrasias das partes e, salvo situações ligadas a crime ou a patologias, estimula-se que elas assumam suas competências e busquem entre si as melhores soluções para o conflito, comprometendo-se com sua resolução.

Para atender questões de família é preciso que o conhecimento da equipe multidisciplinar envolvida seja igual no tocante às *relações de gênero* e *violência intrafamiliar,* com formação ou capacitação específica em ambos, pois não se pode pressupor que a formação em Direito, Psicologia ou Serviço Social supra as dimensões dos conflitos comuns à clientela. Portanto, o planejamento e a implantação de um serviço de assistência que utilize a mediação familiar transdisciplinar requerem a previsão de programa de capacitação prévio dos profissionais envolvidos. É recomendável, ainda, que essa capacitação seja objeto de atividades de reciclagem contínuas ou periódicas para apoiar a atuação profissional nos atendimentos.

Há outro aspecto que se destaca no resultado da avaliação da experiência da PMFC com a utilização da mediação familiar transdisciplinar e que deve ser considerado no planejamento dos serviços destinados ao atendimento a uma clientela de baixa renda. Verificou-se que os conflitos em que as famílias se vêem envolvidas são, muitas vezes, agravados pela sua situação de carência, como não ter com quem deixar filhos pequenos para trabalhar ou procurar emprego; problemas de saúde que limitam a capacidade de realizar mudanças em seus arranjos de vida; e comprometimentos psicológicos e/ou psiquiátricos que requerem intervenção específica; adição química. Não raro, alternativas para equacionar as situações trazidas pela clientela esbarram em carências como essas.

A avaliação da experiência revela que equacionar pelo menos parte dessas carências reduz a sobrecarga sobre os adultos envolvidos, auxiliando-os a vislumbrar possibilidades de mudança e a viabilizar soluções. É necessário que o serviço esteja preparado para atuar de modo proativo, encaminhando casos para a rede de proteção social disponível, pertença esta a organismos públicos ou a organizações privadas de assistência. É essencial que o serviço indicado tenha condições de prover os benefícios almejados. Da mesma forma, a equipe de mediadores deve ser capaz de se articular de maneira eficaz com a rede, por meio de contatos diretos com os responsáveis e/ou profissionais que atuam nela. Assim, o serviço contribui para romper a segmentação dos serviços públicos, que submete a população a um emaranhado de organismos, siglas e competências, inviabilizando a assistência integral prevista pela Constituição.

São apresentadas a seguir as etapas do fluxo de atendimento, elaborado com base na experiência da PMFC em dois contextos institucionais: a sede da ONG e a então Procuradoria de Assistência Judiciária de São Paulo. As duas organizações apresentam algumas características distintas, destacadas nos tópicos a seguir com o objetivo de apontar suas vantagens e/ou desvantagens.

Um modelo
de atendimento e acolhimento

CAPÍTULO 8

Triagem

O primeiro passo da mediação transdisciplinar deve incluir o acolhimento, a identificação da demanda e as necessidades básicas do usuário. Em seguida, com base no diagnóstico dessas necessidades básicas, devem ser feitos os encaminhamentos dessas famílias para a rede de serviços públicos, a fim de aliviar e de atender às suas primeiras necessidades, proporcionando-lhes condições básicas de bem-estar. Paralela e concomitantemente, prossegue-se com o trabalho dos mediadores. Essa prática, além de garantir os direitos individuais de qualquer cidadão, permite proporcionar um mínimo de tranqüilidade e dignidade, acarretando melhor disposição para a continuidade da assistência. Essa etapa se constitui na **triagem**.

Na primeira entrevista, preenche-se uma ficha de dados cadastrais e de caracterização da demanda e das circunstâncias, entre outras informações úteis. O objetivo é que o usuário entre em contato com o serviço e com a proposta de trabalho. Apresenta-se essa proposta e faz-se um levantamento da demanda, da situação atual de vida e dos recursos sociais e financeiros da pessoa. Segue-se, na entrevista, uma abordagem voltada à mediação. Isso significa levantar informações a respeito dos relacionamentos, dos conflitos existentes e das formas que a pessoa tem para resolvê-los, abordando também a questão das relações parentais.

Cabe também à equipe de assistentes sociais verificar se a pessoa apresenta alguma necessidade específica e/ou emergencial – problema de saúde, cesta básica, dificuldade de algum filho na escola etc. – que não poderá ser solucionada pelo serviço. Se houver esse tipo de demanda, deve-se recorrer à rede de equipamentos públicos e sociais, encaminhando o caso a fim de que receba atendimento, sempre sob a orientação e o acompanhamento do assistente social da casa. Alguns equipamentos públicos e/ou privados mais freqüentemente utilizados são: escolas, hospitais, abrigos, clínicas psicológicas, conselho tutelar, escritórios da OAB.

No caso da PMFC, em qualquer etapa do atendimento, o usuário pode solicitar encaminhamento externo ao Serviço Social, se necessário. Para garantir esse atendimento complementar, é fundamental que a rede de equipamentos públicos e privados tenha seus dados constantemente atualizados.

O passo seguinte é o encaminhamento do usuário para o **grupo de triagem jurídica**. Pode-se, também, dirigi-lo a outro técnico da instituição, como um psicólogo, caso a pessoa necessite de uma avaliação mais profunda para verificar se tem condições de freqüentar os grupos de pré-mediação (próxima etapa), ou um advogado, se houver urgência jurídica ou necessidade de medidas cautelares para garantir a segurança pessoal.

Casos de desordem mental de ordem psiquiátrica são extremamente comuns no cotidiano da assistência judiciária. É importante saber identificá-los, já que o comprometimento mental impede a prática da mediação. Para isso, recomendam-se duas condutas: avaliação psicológica cuidadosa do usuário e seu encaminhamento para a rede de serviços públicos ou privados de assistência psiquiátrica; busca, na rede familiar do assistido, de alguém que possa acolhê-lo e representar seus interesses, seja em um processo de mediação seja em um processo jurídico.

Já os casos de violência grave, que implicam problemas de caráter e impedimentos de ordem criminal, como o estupro, devem ser encaminhados diretamente para o serviço jurídico tradicional. No entanto, a pessoa vitimizada deve ser estimulada a participar dos grupos de reflexão.

Grupos de triagem jurídica (GTJs)

Em seguida, nos GTJs, o usuário recebe dos advogados e assistentes sociais as informações jurídicas relativas à sua situação. Nesta etapa, ele toma conhecimento de que a outra pessoa envolvida no conflito também terá de participar de grupos reflexivos (de homens, de mulheres ou misto). O objetivo é fornecer noções jurídicas básicas, explicações sobre o funcionamento do atendimento e sobre os critérios e as exigências da metodologia, além de lidar com as ansiedades iniciais do usuário. O momento é importante também para identificar situações em que há urgência jurídica, isto é, casos em andamento com prazo processual.

Sempre que possível são realizadas dinâmicas de grupo a fim de sensibilizar os usuários para a mediação e reduzir suas ansiedades.

Grupos de pré-mediação (GPMs)

Os GPMs, uma adaptação ao método, são uma criação inovadora da equipe da PMFC. Nesta etapa, o usuário é preparado para encontrar com a outra parte do litígio. Mais do que isso, os GPMs favorecem a dissolução dos modelos masculino e feminino, culturalmente construídos nas relações de gênero, que contribuem para a manutenção das desavenças. Como aponta Gregori (1993b), os valores de gênero arraigados, quando postos em conflito, geram violência. A não-identificação de um dos membros do casal com determinados papéis – homem provedor, mulher dona-de-casa, mulher fiel – favorece o conflito conjugal e a agressão.

O objetivo dos GPMs é desconstruir paradigmas ligados às relações de gênero presentes na cultura. Esse momento possibilita flexibilizar posturas, de modo a permitir a adesão à mediação; discutir/refletir sobre a violência e os conflitos familiares; desenvolver técnicas de comunicação e alternativas de comportamento diante dessas situações; levantar mais profundamente a história de vida dos participantes; promover a troca de experiências entre eles, treinando a possibilidade de ampliar o universo das idéias e de vivenciar essa troca por meio do recurso da fala; e, ainda, discutir temas como sexualidade, direitos das mulheres, conjugalidade e parentalidade. A metodologia adotada nas oficinas dos GPMs utiliza técnicas de mobilização como filmes, vídeos, desenho e *role-playing*[3].

Esses grupos são coordenados por um psicólogo e/ou assistente social capacitados em mediação de conflitos, e a participação deve ser obrigatória para os usuários que serão submetidos à mediação. No modelo da PFMC são realizados quatro encontros semanais de duas horas cada.

---

3   Adiante serão apresentadas algumas sugestões de técnicas utilizadas nos Grupos de Pré-Mediação da PMFC.

O coordenador propõe que o usuário convide a outra parte a participar do mesmo processo em um grupo próprio, separado, no qual serão discutidos temas como as diferenças entre justiça adversarial e mediação; o "empoderamento" das mulheres como um direito, problematizando as noções de hegemonia masculina etc. O objetivo é atingir uma equiparação de poderes entre ambas as partes e, assim, prepará-las para negociar seus interesses no encontro de mediação.

Ao final dos quatro encontros, o coordenador deve ter condições de, com o assistente social, identificar e encaminhar os casos passíveis de mediação e aqueles que terão de ser encaminhados diretamente para o Jurídico.

O encontro para a mediação propriamente dita enseja o exercício do diálogo e da negociação como um modelo passível de ser replicado pelo usuário em outras circunstâncias de sua vida. Para atingir o estado "ideal", que leve o caso à mediação, a equipe *multidisciplinar* atua com uma perspectiva *transdisciplinar* de promover mudanças na visão dessas pessoas e em seus relacionamentos. Se eventualmente tiver sido demonstrada uma postura adversarial no início do processo, ela deverá encontrar-se flexibilizada nesta etapa, para que ambas as partes tenham agora igualdade de poderes. A metodologia visa justamente à mudança de postura e de visão de mundo, e não exclusivamente ao acordo, o qual deverá ser decorrência da nova relação estabelecida entre as partes. Um resultado positivo de um processo de mediação, entendido como método transformativo (Suares, 1996), considera que o acordo ao final do processo seria secundário, sendo prioridade aprender uma nova forma de abordagem nas situações de conflito, ou seja, promover mudanças de caráter qualitativo no relacionamento interpessoal que se estenderiam para outras situações conflitantes da vida cotidiana.

Detalhes mais específicos sobre os GPMs são oferecidos no capítulo 9, "Por que realizar GPMs?".

Atendimento jurídico

O atendimento jurídico recebe e encaminha os casos em que não houve possibilidade de mediação. Eles devem ser repassados pelo advogado que tentou a abordagem para outro da instituição, atendendo assim a critérios de ética profissional. Também serão conduzidos por outro defensor os casos em que já se chegou a algum acordo, faltando apenas a homologação.

A qualquer momento, advogados podem encaminhar o usuário a psicólogos ou assistentes sociais, se necessário.

Mediação

O foco desta etapa é exclusivamente a questão do conflito emergente. Não é a hora de fazer o que se chama "lavagem da roupa suja". É necessário que o mediador tenha claras as *posições* das partes no conflito, ou seja, o que elas afirmam pretender. Porém é fundamental que ele seja capaz também de identificar as questões (emocionais, pessoais) subjacentes ao conflito, os chamados *interesses*. Procura-se, nesse momento, estabelecer novas alternativas de conduta para as situações de violência e desenvolver formas mais pacíficas de comunicação, dando continuidade ao tipo de abordagem iniciada no grupo de pré-mediação.

O principal objetivo nessa fase é alcançar ou viabilizar o protagonismo das partes envolvidas no conflito, a fim de que possam chegar a um acordo mutuamente satisfatório, decidido por elas mesmas. Dessa forma, as partes fazem-se responsáveis tanto pelas resoluções adotadas como por sua manutenção, diferentemente do que ocorre em um processo jurídico convencional, em que as resoluções são determinadas pelo juiz (um agente externo ao conflito). Por fim, o mediador redige um termo de acordo, elaborado pelas pessoas envolvidas no conflito, e encaminha-o para homologação por meio de um operador do Direito.

Aspectos importantes da condução da mediação:

- Atendimento caso a caso – pelo menos uma entrevista individual com cada uma das partes (*caucus*[4]) e outra com ambas as partes envolvidas (são feitas quantas entrevistas forem necessárias).

- Há alguns casos em que as partes, por não terem condições de um encontro pessoal, são atendidas em mediação por meio de reuniões individuais conduzidas pelo mediador, como nos casos que envolvem extrema violência, patologias, ressentimentos insuperáveis e outros aspectos.

- O atendimento é feito por advogados ou psicólogos com treinamento/capacitação em mediação. Aqui, o mediador funciona como um facilitador entre as partes em conflito. As partes podem ser várias: o casal (em união ou não); os filhos mais velhos, quando se julgar importante sua participação nas decisões a serem tomadas; os parentes próximos diretamente envolvidos nos conflitos (sogra, mãe, irmãos).

---

4   Reunião separada para que o mediador tenha oportunidade de sensibilizar ambas as partes e se inteirar do caso ouvindo suas versões.

- Em alguns casos, convém que o mediador proponha um período de experiência para testar o funcionamento do acordo, devendo as partes retornar após esse período. É o que se chama de *pré-acordo*. Nele, são estabelecidos os compromissos decorrentes do consenso a que as partes chegaram, eventualmente deixando para mais adiante os pontos de discórdia, que deverão ser tratados no retorno, após o período de experiência.

- Na maior parte dos casos da área de família, os acordos devem ser homologados judicialmente. Essa homologação garante obrigatoriedade legal do cumprimento dos compromissos de consenso. É o caso, por exemplo, de partilha de bens, pensão alimentícia, guarda de filhos e visita a estes. Quando os pontos acordados não envolvem questões legais, a homologação é desnecessária.

- São feitos registros dos atendimentos e do resultado do processo de mediação.

- A qualquer momento, uma visita domiciliar pode ser solicitada ao Serviço Social, sempre que for útil para o esclarecimento do caso, a fim de verificar condições de vida, moradia e até suspeita de maus-tratos a crianças.

Por que realizar GPMs?

CAPÍTULO 9

Os grupos de pré-mediação são denominados assim por constituírem uma etapa intermediária entre a procura de advogados para formalizar as questões jurídicas e o início do processo de mediação. O principal objetivo desses grupos é acolher os participantes, ouvi-los e prepará-los para o processo de mediação. As discussões que propiciam podem gerar condições para que a narrativa das histórias de cada participante seja reformulada, desconstruindo posturas rígidas e criando a possibilidade de ampliar o espaço de reflexão. O trabalho em grupo desenvolve a capacidade de comunicação e prepara para o diálogo. Dito de outra forma, os GPMs têm o intuito de preparar as partes em conflito para o encontro da mediação propriamente dita.

Os GPMs são geralmente separados por sexo: grupos de homens e de mulheres, podendo se constituir grupos mistos se for de interesse do mediador. Cada grupo é integrado tanto por quem buscou assistência do serviço (usuários, assistidos etc.) quanto por suas contrapartes.

O que significa "preparar para a mediação"?

Em uma situação de conflito entre duas ou mais partes, cada uma traz *sua versão da história*. Versão é a maneira como um fato pode ser contado, dependendo de quem o conta e de seu grau de envolvimento. Portanto, toda versão é apenas *uma parte* da história. Para cada fato ou situação há tantas versões quantas forem as pessoas que dele participam.

Assim, são objetivos do trabalho dos GPMs:

- despertar nos participantes a consciência de que há *mais de um modo* de interpretar uma história, considerando que não há uma verdade única e que a verdade de cada um depende de seu ponto de vista;
- possibilitar o desenvolvimento da capacidade de se *colocar no lugar da outra pessoa,* a fim de ver determinada história de distintos pontos de vista (poder compreender um fenômeno com base em diferentes lugares ou pontos de vista permite ao sujeito *flexibilizar sua narrativa,* o que lhe possibilita admitir que sua versão de uma história tem variações e pode não ser entendida como a única verdade possível);
- com a flexibilização das narrativas e a possibilidade de um se ver no lugar do outro é possível atingir o *terceiro objetivo: legitimar as demandas, necessidades e sofrimentos da outra parte* (aquela com a qual o sujeito está em conflito), ainda que distintos dos dele.

Esses três objetivos são fundamentais no trabalho em grupo, uma vez que trazem subjacente a idéia da *tolerância às diferenças.*

Reconhecer as diferenças favorece:

- uma redução do caráter adversarial ou contencioso de algo em relação ao outro, que é diferente de si;
- uma ressignificação dos papéis de gênero que são culturalmente atribuídos a homens e mulheres e estão na base de grande parte dos conflitos familiares e conjugais;
- uma ampliação das definições de deveres e direitos atribuídos a homens, mulheres e crianças, viabilizando relacionamentos mais gratificantes e criativos.

Outro objetivo dos GPMs, em consonância com o trabalho de mediação, é a transformação da ideologia assistencialista ou paternalista – impregnada das formas jurídicas tradicionais de solução de conflito, em que o sujeito espera que "outro", o juiz imbuído de autoridade, determine seu destino, atribuindo direitos e deveres – em uma postura em que *o próprio sujeito se responsabilize por suas ações e suas consequências em sua vida*. A proposta do trabalho em grupos, com a mediação, é de que, ao longo do processo, os participantes desenvolvam um instrumental que lhes possibilite apropriar-se de sua problemática como sujeitos, responsabilizando-se por seu destino.

O funcionamento dos GPMs

Cada grupo de pré-mediação deve ter um mínimo de quatro encontros com duas horas de duração, sendo o número máximo de encontros definido pela disponibilidade da instituição e dos participantes. O número de pessoas não deve exceder vinte, a fim de possibilitar o trabalho com dinâmicas de grupo, de garantir espaço para todos se expressarem, assim como permitir aos coordenadores conhecerem cada um dos participantes, assegurando que o atendimento em grupo assista também necessidades individuais mais específicas.

Embora desejável, nem sempre é possível a presença dos mesmos participantes na seqüência de encontros programada. Contudo, quando acontece, ela favorece a construção de vínculos produtivos entre os participantes. Em outras palavras, constata-se entre eles a construção do laço emocional por meio de um processo de identificação, fator característico nas formações de grupos.

Regulamentos

Assim como qualquer forma de organização social, os grupos também devem ter seus *regulamentos*. Portanto, é necessário que se estabeleçam, de forma aberta e clara, e de comum acordo, as normas de funcionamento dos GPMs a serem seguidas tanto pelos participantes quanto pelos coordenadores, levando-se em conta os distintos lugares que uns e outros ocupam.

Algumas normas que devem ser seguidas:

- apresentar os coordenadores ao grupo e explicar sua atuação;
- explicar os princípios da mediação, como os grupos favorecem os encontros de mediação e como os acordos mutuamente favoráveis serão estabelecidos sem a necessidade de um juiz;
- estabelecer o horário do grupo, a duração e a freqüência de cada encontro;
- definir a freqüência requisitada, as faltas permitidas e se haverá desligamento por faltas;
- esclarecer o modo de funcionamento e os objetivos do grupo;
- explicar o que está autorizado nas conversas em grupo (por exemplo: pode-se tratar de qualquer assunto, mas não é permitido o desrespeito ao outro).

> **O encontro em grupo é um espaço voltado**
>
> - ao exercício das técnicas de comunicação;
> - à desconstrução de narrativas pessoais;
> - à ampliação e à possibilidade de alteração dos pontos de vista;
> - à desconstrução dos padrões de gênero vigentes em dada cultura;
> - ao esclarecimento sobre direitos e deveres dentro de um princípio de cidadania;
> - à facilitação dos encontros de mediação;
> - à capacitação para a negociação de acordos mutuamente satisfatórios.

O que torna os GPMs um método eficiente de transformação social?

Segundo Freud, os grupos contêm em si um grande potencial transformador sempre que for possível questionar padrões da cultura estabelecidos de forma idealizada. Por exemplo, expressões como "os vizinhos ficam falando", freqüentemente observadas nos relatos dos participantes de grupos, tendem a colaborar para a formação rígida de padrões de conduta. O olhar do *outro* sobre o indivíduo tem o poder de definir o *sujeito*.

Compartilhar as experiências vividas e constatar que outras pessoas encontram-se em situações semelhantes ou passam por elas propiciam o despertar de uma atitude mais benevolente e menos crítica, tanto de uns para com os outros como de si para consigo mesmo, alterando-se, assim, no interior do grupo, a adesão a valores rígidos de comportamento.

A Psicanálise aborda a permanente busca dos indivíduos de sinais de reconhecimento e valorização. Na vida adulta isso se dá, em grande medida, por meio da comparação entre as expectativas que o sujeito tem em relação a si mesmo, bem como em relação a suas características, a seu modo de ser e a seus valores, e aquilo que é valorizado de maneira geral em sua cultura. Quanto mais o indivíduo sente que há uma coincidência entre os valores de seu grupo cultural e os seus, maior é sua auto-estima. A constatação de estar distante dos valores de sua cultura tende a fazer a pessoa sentir-se desmoralizada, rebaixando sua auto-estima. Os valores veiculados no interior de grupos de qualquer espécie, por serem idealizados, agem de forma normatizadora sobre os sujeitos, ditando regras de funcionamento assumidas por eles de maneira inconsciente. Os grupos podem determinar valores, padrões, normas de conduta e de pensamento.

No caso dos GPMs, em resumo, o trabalho em grupo tem grande potencial transformador por sua condição de reproduzir, em menor dimensão, um conjunto social cuja atividade de reflexão e questionamento de paradigmas culturais oferece a possibilidade de ampliar as noções de:

- certo ou errado;
- versões parciais *versus* verdades absolutas;
- condição masculina e/ou feminina nos âmbitos público e privado;
- naturalização da violência de gênero, que "justifica" a violência de homens contra mulheres;
- concepções culturais sobre o papel de cada gênero – a sexualidade, as relações conjugais, as relações parentais, as relações familiares, a separação e os conflitos – para favorecer a desconstrução desses paradigmas aos quais as narrativas de cada sujeito estão atreladas.

Os GPMs funcionam, ainda, como um espaço aberto para:

- a expressão livre dos sujeitos quanto às suas vivências, uma vez que se vêem em uma situação na qual são ouvidos de forma respeitosa, com aceitação de seus sentimentos, necessidades e sofrimentos, sem que isso signifique uma atitude condescendente ou concordante;

- a prestação de alguns esclarecimentos e orientações básicas de cunho social e legal;
- verificar a necessidade de fazer encaminhamentos a outros serviços de atendimento da rede pública;
- identificar situações emergenciais do usuário, seus filhos e companheiro(a);
- avaliar mais cuidadosamente a situação vivida por cada participante;
- identificar possíveis urgências no âmbito da violência intrafamiliar, garantindo o atendimento necessário, conforme princípios de cidadania e de direitos humanos.

Sugestões de dinâmicas para os GPMs

Trabalhar com dinâmicas de grupo e abordar temas como gênero, violência e direitos humanos requerem preparo e planejamento do mediador/coordenador. Ele precisa ter sensibilidade para tratar desses assuntos e habilidade para escutar. É fundamental que planeje as atividades com antecedência e conhecimento prévio das expectativas e motivos que levaram as pessoas a participar do grupo. A cada atividade, deve registrar o desenvolvimento do grupo, avaliando se os objetivos foram alcançados, bem como realizar os ajustes necessários.

Para um bom funcionamento do grupo é importante que o mediador/coordenador:

- facilite e estimule a participação, promovendo um clima agradável e confiável que possibilite a aquisição de conhecimentos, a troca e o debate;
- favoreça a integração dos participantes, ressaltando o respeito às diferenças;
- adapte as sugestões apresentadas neste livro às realidades encontradas, em função das características do grupo e do tempo disponível;
- escute ativamente os integrantes do grupo, valorizando e estimulando o diálogo entre pessoas de posições distintas;
- esteja atento à manifestação das emoções dos participantes em relação à temática abordada, para captar e trabalhar o desânimo, o desconforto e os conflitos latentes.

A seguir são apresentadas, passo a passo, algumas dinâmicas utilizadas nos grupos de pré-mediação. São atividades testadas e adaptadas de vários manuais de formação.

OFICINA | *"Eu não gosto quando me chamam de..."*

Objetivos

Essa atividade visa despertar e discutir, com base na fala, as expectativas dos participantes quanto a valores e lugares desejados dentro da constelação familiar. Pretende, ainda, debater as formas e os motivos de comunicações sentidas como agressivas, bem como suas repercussões na relação conjugal.

Material necessário

Quadro-negro, branco ou *flip-chart*, e giz ou pincel atômico.

Duração

De 1 a 2 horas.

Procedimentos

- Anote as frases que os participantes consideram mais ofensivas.
- Liste falas tanto das mulheres em relação aos homens quanto dos homens em relação às mulheres.
- Escreva essas frases em um quadro ou *flip-chart*, deixando-as visíveis a todos.

- Em seguida, debata por que essas ofensas acontecem e seu impacto na vida dos ofendidos e nas relações que estabelecem.

Dicas

- Na listagem masculina, por exemplo, denominações como "corno", "veado" e "traição" se chocam com as expectativas hegemônicas dos homens quanto a um ideal de masculinidade, desqualificando-os não só perante a si mesmos mas também em relação a outros homens.
- À medida que o coordenador for listando as expressões consideradas ofensivas, deve também explicitar, na forma de perguntas e sempre com a participação do grupo, por que são ofensivas.
- A atividade deve levantar expressões envolvendo ambos os sexos, pois, assim, as questões de gênero na cultura podem ser trabalhadas integralmente.

OFICINA | *A entrevista*

Objetivos

Esta é uma atividade de aquecimento, feita em duplas, que visa proporcionar aproximação por meio da conversa, introduzindo um modelo de relacionamento com o qual alguns estão pouco familiarizados (por exemplo, de acordo com os homens, eles não costumam conversar sobre assuntos pessoais entre si, enquanto as mulheres o fazem com maior facilidade e freqüência). É também uma forma de colocar os participantes no papel de ouvintes, contrariando sua expectativa de serem ouvidos por uma autoridade que se encarregará de resolver o caso de forma assistencialista.

A atividade propicia o início de dois processos significativos: rompe com modelos e expectativas, seguindo a proposta institucional de desconstruir narrativas, e apresenta aos sujeitos que estão em conflito com seus companheiros a experiência de ouvintes do outro, reproduzindo diferentes versões de uma mesma história e refletindo sobre elas.

Material necessário

A atividade não requer nenhum tipo de material, apenas as pessoas que constituirão as duplas, entrevistando-se mutuamente.

Duração

É variável e depende do número de duplas. Recomenda-se reservar um período de 1h30 se houver quatro ou mais duplas. Cada integrante da dupla deve entrevistar o outro por mais ou menos 10 a 15 minutos. O restante do tempo será usado para a exposição das entrevistas em grupo e para os comentários do coordenador e dos participantes.

Procedimentos

- Proponha aos participantes que se agrupem em dois, a fim de realizarem uma entrevista.
- Recomende que escolham/definam uma pessoa para ser o primeiro *entrevistador* e outra para ser o primeiro *entrevistado*. Diga que o entrevistador fará perguntas ao entrevistado visando apresentá-lo ao grupo.
- Passado o período combinado para a entrevista, inverta os papéis das duplas para que todos possam experimentar as duas posições.

Dicas

- Ficar atento aos pontos de dificuldade da dupla.
- Observar a profundidade e o teor das perguntas, se foram superficiais ou mais pessoais.
- Observar se há constrangimento entre a dupla e até que ponto.
- Verificar se há algum aspecto específico relacionado com o sexo dos entrevistadores: maior timidez, maior descontração, perguntas proibidas, tentativa de aliança ou proteção mútua etc.

OFICINA | Role-playing *em mediação de conflitos*

Objetivo

Esta atividade visa proporcionar aos participantes uma vivência de papéis distintos dos que normalmente ocupam em sua vida, ou seja, propõe um jogo de "experimentar ficar na pele do outro" (*role-playing*).

Material necessário

Não há necessidade de material.

Duração

É variável e depende do número de participantes. Recomenda-se que cada "trio" de mediação experimente cada posição do conflito imaginário proposto pelo mediador por 10 a 15 minutos.

Procedimentos

- Separe os participantes em trio, nos quais haverá duas pessoas em conflito e um mediador.
- Explique o conflito imaginário a ser dramatizado para que cada um possa desempenhar seu papel.
- Tente ajudá-los a chegar a um acordo, sem interferir com sugestões ou perguntas que direcionem a resposta.

Dicas

- Durante o processo, é importante que o coordenador aponte as dificuldades apresentadas pelos participantes na vivência dos papéis, questionando os motivos. Além disso, as situações de conflito devem ser relacionadas com as experiências trazidas pelo grupo.

- Nesta atividade são importantes tanto a vivência de papéis distintos, ou seja, "fazer o papel" da outra parte em conflito, quanto a experiência de mediador, cuja função *não é* a de julgar/determinar, o que é muito comum quando um conflito é apresentado a um terceiro para que ele interfira na situação.

OFICINA | *A família dos meus sonhos...*

Objetivo
Este exercício visa trabalhar com a diferença entre a família idealizada e as vivências do sujeito na família real.

Material necessário
Lápis de cor e papel sulfite.

Duração
Livre, mas são necessários pelo menos 10 a 15 minutos para fazer cada desenho e mais 30 a 40 minutos para a discussão posterior, referente aos trabalhos realizados.

Procedimentos
- Com lápis de cor e folhas sulfite, peça a cada participante que faça dois desenhos de sua família: um

de *como ela é no presente* e outro de *como gostaria que ela fosse*. Este último pode retratar a família de origem, muitas vezes vista de forma idealizada, mostrando-se muito distante da que foi vivenciada na realidade.

- Discuta com os participantes suas expectativas, sonhos e desejos, e as frustrações que os levam, muitas vezes, a conflitos.

Dica

- Esta atividade normalmente leva os participantes a rememorar suas vivências familiares da infância e da atualidade e a abrir suas dificuldades e sofrimentos. Portanto, ela exige do facilitador e de cada participante muito respeito às histórias dos outros, já que deixa as pessoas em uma condição de maior vulnerabilidade emocional.

- Estar preso à fantasia da família idealizada impede o sujeito de se relacionar com suas reais possibilidades, de tolerar as frustrações inerentes aos relacionamentos interpessoais e de criar formas compatíveis de solução para sua vida. Por exemplo, a imagem idealizada da figura da mãe faz muitos homens agirem de forma agressiva ou violenta em relação a outras mulheres, quando elas não correspondem às suas expectativas acerca da figura feminina/materna.

OFICINA | *Ponto de vista*

Objetivos

Esta é uma atividade de aquecimento que promove integração rápida e fácil entre os participantes e, portanto, pode ser usada para iniciar um processo de grupo. De forma lúdica e bem-humorada, ela envolve as pessoas e evidencia que não há uma forma *certa ou errada* de ver as coisas, mas que se pode enxergar de maneiras diferentes um mesmo desenho. O intuito deste exercício é trabalhar com a noção de que não há um único ponto de vista, mostrando que, pela concepção figura/fundo, há duas imagens no mesmo desenho que podem ser vistas com base em perspectivas diferentes.

Material necessário

Um desenho tipo figura/fundo. Esse é um tipo onde há duas ou mais figuras "embutidas" no mesmo desenho. Assim, o que muda é o ponto de vista do observador, que, dependendo do que prioriza, vê uma ou outra figura. Pode ser obtido em algumas livrarias ou lojas de material para testes psicológicos.

Duração

20 a 30 minutos

Procedimentos

- Apresente uma figura composta do tipo figura/fundo, em que se pode ver claramente uma *ou* outra imagem, dependendo do ponto em que se fixa o olhar.
- Recomende que todos olhem por alguns minutos a figura, depois peça que digam o que vêem, o que se destaca e o que chama a atenção.
- Explore as diferentes opiniões, mostrando como uma mesma figura ou uma mesma paisagem podem ser descritas e vistas de maneiras distintas.

Todas as dinâmicas propostas aqui têm como objetivo básico sensibilizar os participantes para a posição do outro e suas motivações, inseguranças e necessidades, procurando desconstruir posturas rígidas baseadas em julgamentos de certo e errado. Gregori (1993b) aponta o fato de que a violência não é necessariamente a conseqüência de um conflito. Ela pode ser o testemunho da dificuldade de viver a diferença, fazendo que manifestações violentas sejam um modo, ainda que deturpado, de comunicação. Sensibilizar-se acerca da posição do outro pode gerar outras formas de comunicação que levem em conta as diferenças de ambas as partes na busca de soluções.

Há inúmeras atividades e dinâmicas de grupo que podem ser utilizadas, e o coordenador deve adotar aquelas que:

- deixem-no à vontade para trabalhar;
- relacionem-se com o objetivo do grupo;
- sejam adequadas à população com a qual está trabalhando (com relação à faixa etária, escolaridade etc.);
- sejam mais apropriadas a um grupo recém-formado, considerando que outras só podem ser utilizadas quando os integrantes já estiverem familiarizados entre si e com os coordenadores a ponto de não se sentirem ameaçados com a proposta da dinâmica.

Lembretes importantes

- Principalmente quando estão trabalhando com tempo limitado, os coordenadores devem ter em mente o objetivo almejado, a fim de equilibrar o período de conversa sobre os temas trazidos pelos integrantes com aquele necessário à aplicação das técnicas ou dinâmicas sobre temas realmente voltados ao objetivo proposto.
- É útil abordar os temas/objetivos com base nas falas dos próprios participantes para que possam refletir sobre assuntos que lhes dizem respeito. Isso lhes permite, ainda,

pensar os temas com base em suas experiências, sem ficar na posição de "alunos", aprendendo o que os coordenadores julgam importante ou necessário.

- É recomendável, ao final de cada encontro, fazer um apanhado geral do que foi discutido, pedindo aos participantes que listem os pontos principais. É também recomendável que cada um relate o que considerou mais significativo, pois isso possibilita organizar os temas discutidos (que podem ficar soltos) e, assim, levar algo consigo como resultado dessa experiência.

- A experiência em grupo ajuda o sujeito a criar um espaço psíquico no qual a vivência do desamparo se torne tolerável, já que compartilhada por outros, construindo uma espécie de fraternidade entre os participantes. Ela possibilita a tolerância à aproximação do sentimento do desamparo, sem que o sujeito tenha de excluí-lo de seu universo de experiências ou negá-lo, abrindo, assim, um espaço para a reflexão. Pensar sobre a ação, o processo ou a experiência vivida tem repercussões sobre o próprio conflito.

Recomendações para a aplicação da mediação familiar transdisciplinar

CAPÍTULO 10

A disseminação e a implantação da mediação familiar transdisciplinar como política social para enfrentar situações de conflito e de violência intrafamiliar requerem o uso de métodos de atendimento que permitam atingir os objetivos desejados. A aplicação da metodologia deve considerar as necessidades de adaptação não apenas às características da população a ser atendida, mas também às dos serviços que adotarão.

No âmbito de uma ONG, que é o caso da PMFC, o serviço oferecido ganha contornos muito específicos. É possível experimentar práticas e procedimentos, promover a reflexão dos profissionais envolvidos no atendimento, bem como seu aperfeiçoamento e preparo para lidar com a complexa problemática da clientela, além de imprimir ao tempo de atendimento uma flexibilidade maior. No entanto, essas características são, muitas vezes, difíceis de ser compatibilizadas por causa da premência que marca o volume das demandas dirigidas a um serviço público.

Há ainda o desafio de contemplar o atendimento integral. O fato de as políticas públicas terem um desenho setorial dificulta a cooperação horizontal e a integralidade da assistência definidas pela legislação brasileira. A segmentação da estrutura de serviços cria barreiras à cooperação de profissionais de diferentes disciplinas e especialidades, que devem ser minimizadas para que a mediação familiar transdisciplinar possa ser introduzida e adotada com sucesso.

Por fim, e não menos importante, é necessário que a mediação familiar transdisciplinar seja compreendida e aceita como uma alternativa eficiente, porque não-contenciosa, a ser adotada por um campo de atuação tradicionalmente litigioso – o jurídico – para enfrentar situações de conflito. Essa aceitação não implica presumir que essa metodologia de trabalho seja eficaz sempre, em qualquer situação concreta. Há casos em que o esforço tecnicamente competente de mediar uma solução acordada para um conflito não chega a bom termo. Contudo, a experiência revela que, mesmo nesses casos, há benefícios palpáveis para os protagonistas do conflito.

A avaliação efetuada em dois serviços diferentes mostra que a experiência da mediação – ainda que não alcance um acordo aceitável para ambas as partes – proporciona um aprendizado de comunicação, de flexibilidade de conduta e, o que é especialmente importante, de alteridade. Pode-se, sem dúvida, assegurar que essa vivência traz para as partes em conflito, muitas vezes, a percepção da existência de "outro" legítimo, fato que permanecia submerso em decorrência do acirramento do conflito.

A PMFC reconhece a limitação do uso da mediação familiar transdisciplinar em situações e relacionamentos em que o ato violento é determinado pela satisfação de impulsos de crueldade, sadismo, tirania e perversão. A violência praticada contra "outro" mais fraco, com a finalidade de atender a desejos doentios de torturar, abusar ou subjugar um ser humano, não pode ser mediada. Nesses casos, são necessárias medidas de proteção e resgate para quem se encontra submetido a tal tratamento, provendo-lhe assistência a fim de garantir sua integridade e segurança.

A eficácia do modelo depende, no entanto, de muitos fatores. Serão apresentadas a seguir algumas recomendações derivadas da ampla pesquisa de avaliação da PMFC do uso da metodologia em dois contextos institucionais distintos.

RECOMENDAÇÃO 1 | *Constituição de uma equipe multidisciplinar*

A equipe de mediação deve ser necessariamente multidisciplinar, envolvendo profissionais de Serviço Social, Psicologia e Direito. Recomenda-se que sejam selecionados aqueles que têm *experiência anterior em serviços de assistência à população*. Profissionais sem essa experiência, que contam apenas com a formação em uma dessas disciplinas, terão mais dificuldades no desempenho de suas tarefas.

É importante que assistentes sociais, psicólogos e advogados estejam dispostos a aprender com olhares diferentes das outras disciplinas e possam, em certo sentido, apropriar-se ou deixar-se "fecundar" pelo que o olhar do outro traz de diferente ou de novo. Essa capacidade requer alguma *humildade profissional*, qualidade indispensável para o trabalho em equipe transdisciplinar.

RECOMENDAÇÃO 2 | *Capacitação contínua*

A formação disciplinar dos profissionais e sua experiência prévia não são suficientes. Embora não se devam minimizar as possibilidades de aprender fazendo, a prática da mediação familiar transdisciplinar requer a adesão a uma filosofia de trabalho e o aprendizado das técnicas necessárias para conduzir os casos. É fundamental a *formação específica do mediador nas técnicas da mediação em todas as suas etapas*, bem como a compreensão dos pressupostos em que se baseia essa proposta de trabalho.

A complexidade dos casos trazidos pela clientela em situações de conflito intrafamiliar demanda, além disso, *capacitação específica em dois temas: relações de gênero e violência doméstica*. Nem sempre a experiência profissional anterior envolve contato com a densidade e gravidade que os conflitos intra-familiares apresentam. A formação nesses temas permite que os profissionais reflitam sobre seus valores e condutas, adquirindo os recursos necessários para lidar com os valores e as condutas trazidos pela clientela. De modo especial, casos que envolvem um longo histórico de relações violentas requerem do mediador a capacidade de, de um lado, permitir a ambas as partes o reconhecimento da violência perpetrada ou sofrida e, de outro, promover a oportunidade de reparação de danos.

As experiências avaliadas revelam que o preparo insuficiente pode fazer o mediador ficar "aprisionado" às agressões mútuas entre as partes no decorrer dos atendimentos. Assim, ele perde a aptidão de lidar com a dificuldade masculina de assumir a violência no relacionamento – na condição de agressor e/ou de vítima – e com a dificuldade feminina de perceber seu papel na manutenção desse quadro ao longo do tempo.

A avaliação dos serviços de mediação realizados pela PMFC mostra, também, que *profissionais com alguma experiência anterior*, ou mesmo concomitante, em atendimento à população de baixa renda em situação de violência intrafamiliar tiveram um desempenho menos afetado pelas lacunas de treinamento mencionadas. Esses mediadores mostraram-se mais propensos ao acolhimento adequado, demonstraram mais sensibilidade no tratamento das queixas e maior capacidade de identificação e organização das demandas formuladas, o que lhes permitiu uma condução melhor dos casos.

RECOMENDAÇÃO 3 | *Supervisão sistemática*

O trabalho em equipe transdisciplinar deve ser acompanhado e ajustado cotidianamente. Uma forma de organizar esse acompanhamento é instituir *reuniões semanais da equipe*, conduzidas por um coordenador do serviço. Esses encontros devem evitar temas propriamente administrativos, concentrando-se na tarefa de *discutir casos mais complexos*.

A discussão de casos tem por objetivos: refletir acerca de condutas a serem adotadas pelos profissionais responsáveis, tomando decisões; esclarecer dúvidas quanto à escolha de alternativas de condução ou de medidas emergenciais necessárias; equacionar necessidades de suporte de outra especialidade profissional para a equipe em casos particulares.

Outra função das reuniões de supervisão é a oportunidade de *minimizar fatores de estresse pessoal por parte dos profissionais*, muitas vezes sobrecarregados emocionalmente com o cotidiano dos casos mais complexos e conflituosos.

Apesar de não se destinarem à capacitação e ao treinamento, os encontros de supervisão são, como mostra a experiência dos serviços de mediação avaliados, oportunidades de troca de experiências, de aprendizado e mesmo de inovação de procedimentos.

RECOMENDAÇÃO 4 | *Comunicação e linguagem*

Deve ser dada atenção especial à comunicação entre mediadores e clientela. É imprescindível que os profissionais compreendam a *necessidade de usar uma linguagem mais acessível ao público-alvo* do atendimento em mediação, pessoas que, freqüentemente, tiveram pouco acesso a formas mais sofisticadas de uso da linguagem em uma conversa. Os profissionais devem conduzir o diálogo da forma mais clara possível, permitindo que as pessoas atendidas compreendam e aceitem a proposta da mediação como algo que efetivamente trará mais benefícios do que uma solução jurídico-adversarial, e não como uma imposição do serviço.

Não se deve confundir simplificar a linguagem com fornecer informação apenas parcialmente. Informações insuficientes acerca dos limites legais, pouco claras ou transmitidas de modo muito rápido, são interpretadas pela clientela como expressão de intolerância do próprio profissional responsável pela condução do caso, prejudicando os resultados da mediação.

Dicas de linguagem

- "Estou aqui para ajudar vocês a decidirem, mas vocês é que decidirão."
- "Minha função é facilitar a busca de uma solução satisfatória para os dois."
- "Aqui a gente faz mediação, que é chamar as duas partes para evitar uma briga judicial, e o juiz só assina embaixo."
- "Vocês vão ter autonomia para decidir. E o que vocês decidirem aqui o juiz vai aceitar. É preciso que cada um fale num momento. Eu vou dar oportunidade de falar para os dois."
- "Eu vou ficar responsável por atender vocês nessa tentativa de acordo. É o que a gente chama de mediação."
- "Meu papel aqui não é julgar ninguém."

RECOMENDAÇÃO 5 | *Acolhimento da clientela*

O acolhimento da clientela é a pedra de toque do atendimento em mediação. *Atenção, disposição para ouvir e acolher e sensibilidade no trato com as pessoas são características básicas* que os profissionais do serviço de mediação devem ter. A promoção da cidadania e dos direitos exige que as pessoas sejam tratadas como interlocutores legítimos, que suas queixas e demandas sejam também apreciadas como tais, independentemente do julgamento de que possam ser objeto.

"Ser tratada como gente" é a frase que resume o pensamento da clientela dos serviços de mediação avaliados. Significa que a pessoa foi ouvida, respeitada em seus pleitos, viáveis ou não, e informada de seus direitos e deveres.

O acolhimento adequado tem também funções na condução bem-sucedida da mediação. Para atuar adequadamente na promoção do entendimento, o profissional deve ser capaz de identificar os elementos que compõem o cenário dos conflitos e as necessidades de cada uma das partes. É com base nesses dados que o profissional pode pensar em estratégias que promovam a reflexão dos sujeitos acerca de seus comportamentos.

RECOMENDAÇÃO 6 | *Preparação para a mediação*

A avaliação da experiência mostra que as pessoas precisam ter a oportunidade de se preparar para a mediação. Não se pode supor que partes em conflitos, que muitas vezes se arrastam por longo tempo, encontrem acordos na primeira oportunidade de se sentar frente a frente. A atuação do mediador é essencial, mas não é suficiente em boa parte dos casos avaliados.

As vantagens dos grupos de pré-mediação já foram apontadas anteriormente. *Grupos de reflexão desse tipo constituem instrumento importante para o sucesso da mediação.* Muitas das pessoas atendidas, acompanhadas pela pesquisa, apontaram que a experiência dos grupos lhes trouxe *benefícios* como: *ver em outro participante do grupo o que tinha dificuldade de perceber em si próprio; perceber formas alternativas de lidar com as situações de conflito; identificar suas reais necessidades e desejos; escutar o que o outro tem a dizer; pacificar os ânimos.*

Contudo, a participação nos grupos *pode ser opcional,* especificamente *nos casos em que as partes já chegam com disposição para encontrar uma solução acordada e estão seguras do que pretendem.* É certo que, mesmo nesses casos, as pessoas são beneficiadas pela experiência. Porém, ela não é primordial para que os objetivos sejam alcançados.

Outra alternativa de preparação para a mediação é o que convencionalmente se chama de *caucus*. É a ocasião em que o mediador se reúne com cada uma das partes separadamente, *idealmente antes do primeiro encontro de mediação.* Constitui também um recurso quando o processo enfrenta dificuldades ou impasses. Nessa ocasião, o mediador e as partes podem discutir e refletir sobre demandas e posições de cada um, tendo a oportunidade tanto de conhecer melhor os pontos de vista em conflito como de atuar pedagogicamente a fim de flexibilizar posições rígidas das partes.

Sugestões de leitura e de fontes de pesquisa

Estas sugestões incluem as referências a publicações e autores encontradas no texto. Algumas das obras listadas aqui vêm acompanhadas das siglas das instituições/bibliotecas onde podem ser encontradas. As bibliotecas mencionadas e seus respectivos endereços estão no final destas sugestões.

Sobre relações de sexo e gênero

ARILHA, M.; RIDENTI, S. G. U.; MEDRADO, B. (orgs.). *Homens e masculinidade: outras palavras*. São Paulo: 34, 1998.

BOURDIEU, P. "Conferência do Prêmio Goffman: a dominação masculina revisitada". In: LINS, D. (org.). *A dominação masculina revisitada*. Campinas: Papirus, 1998.

BRUSCHINI, C.; PINTO, C. R. (orgs.). *Tempos e lugares de gênero*. São Paulo: Fundação Carlos Chagas/34, 2001. **(Mack-EFT/FCC)**

CONNELL, R. W. *Masculinities*. Berkeley: University of California Press, 1995.

COSTA, A. de O. "Muito além do sexo biológico". *Ciência Hoje na Escola: sexualidade, corpo, desejo e cultura*. São Paulo, Global/Rio de Janeiro, SBPC, v. 11, p. 42-45, 2001.

FOUCAULT, M. *História da sexualidade I: a vontade de saber*. Rio de Janeiro: Graal, 1977.

HEILBORN, M. L. "Sexualidade e identidade: entre o social e o pessoal". *Ciência Hoje na Escola: sexualidade, corpo, desejo e cultura*. São Paulo, Global/Rio de Janeiro, SBPC, v. 11, p. 38-41, 2001.

KAUFMAN, M. "Las experiencias contradictorias del poder entre los hombres". In: VALDÉS, T.; OLAVARRÍA, J. (orgs.). *Masculinidades:*

poder y crisis. Chile: Isis internacional/Flacso, 1997, p. 63-81. Ediciones de las Mujeres n. 24.

KEHL, M. R. *A mínima diferença: masculino e feminino na cultura*. Rio de Janeiro: Imago, 1996.

MEDRADO, B.; FRANCH, M.; LYRA, J.; BRITO, M. (orgs.). *Homens: tempos, práticas e vozes*. Recife: Instituto Papai/Fages/Nepo/Pegapacapá, 2004. Série Olhares de Gênero.

OLIVEIRA, P. P. M. "Crises, valores e vivências da masculinidade". *Novos Estudos Cebrap*, São Paulo, n. 56, p. 89-110, mar. 2000.

PIMENTEL, S. *et al*. *A figura/personagem mulher em processos de família*. Porto Alegre: Fabris, 1993. Perspectivas Jurídicas da Mulher. **(Mack-DI)**

SCOTT, J. "Gênero: uma categoria útil de análise histórica". *Revista Educação e Realidade*, Porto Alegre, v. 16, n. 2, p. 5-22, jul./dez. 1990.

VALDÉS, T.; OLAVARRÍA, J. "Introducción". In: *Masculinidades: poder y crisis*. Chile: Isis Internacional/Flacso, 1997. Ediciones de las Mujeres n. 24.

WEEKS, J. "O corpo e a sexualidade". In: LOURO, G. L. (org.). *O corpo educado: pedagogias da sexualidade*. Belo Horizonte: Autêntica, 2000, p. 37-82.

Sobre mediação de conflitos

BUSH, R.; FOLGER, J. *The promise of mediation: responding to conflict through empowerment and recognition*. San Francisco: Jossey Bass, 1994.

Bustelo Eliçabe-Urriol, D. J. *Ensayo: mediación familiar interdisciplinaria*. Madri: Asociación Interdisciplinar Española, 1993.

Carmona, C. A. *Arbitragem e processo*. São Paulo: Atlas, 2004.

Cobb, S.; Sluzki, C. "Mediação familiar transformativa". In: *Anais do Encontro Nacional de Mediação Familiar*. São Paulo: Centro Latino-Americano de Mediação e Arbitragem,1997.

Colosi, T. R.; Berkeley, A. E. *Negociación colectiva: el arte de conciliar intereses*. México: Limusa, 1989.

Fisher, R.; Ury, W.; Patton, B. *Como chegar ao sim: a negociação de acordos sem concessões*. Rio de Janeiro: Imago, 1991.

Schnitman, D. F. (org.). *Novos paradigmas, cultura e subjetividade*. Porto Alegre: Artes Médicas, 1996. **(Mack-CE)**

Schnitman, D. F.; Littlejohn, S. (orgs.). *Novos paradigmas em mediação*. Porto Alegre: Artes Médicas, 1999. **(Mack-CE)**

Singer, L. R. *Resolución de conflictos: técnicas de actuación en los ámbitos empresarial, familiar y legal*. Barcelona: Paidós, 1996.

Six, J. *Dinámica de la mediación*. Barcelona: Paidós, 1997.

Suares, M. *Mediación: conducción de disputas, comunicación y técnicas*. Buenos Aires: Paidós, 1996.

Sobre mudanças na família e na conjugalidade

Berquó, E. "Arranjos familiares no Brasil: uma visão demográfica". In: Novais, F. A. (coord.); Schwarcz, L. M. (org.). *História da vida privada no Brasil: contrastes da intimidade contemporânea*. v. 4. São Paulo: Companhia das Letras, 1998.

Box, S. J. *et al.* (orgs.). *Psicoterapia com famílias: uma abordagem psicanalítica*. São Paulo: Casa do Psicólogo, 1994. **(PUC-SP)**

Carter, B. *et al.* *As mudanças no ciclo de vida familiar: uma estrutura para a terapia familiar*. 2. ed. Porto Alegre: Artes Médicas, 2001. **(PUC-SP)**

Lamanno, V. L. C. *Relacionamento conjugal: uma abordagem psicanalítica*. São Paulo: Summus, 1990. **(PUC-SP)**

Lasch, C. *Refúgio num mundo sem coração: a família: santuário ou instituição sitiada?* Rio de Janeiro: Paz e Terra, 1991. **(Mack-CE/PUC-SP)**

Minuchin, S.; Nichols, M. P. C. *A cura da família: histórias de esperança e renovação contadas pela terapia familiar*. Porto Alegre: Artes Médicas, 1995. **(Mack-CE)**

Muszkat, M.; Muszkat, S. "Permanência na diversidade: um estudo sobre a conjugalidade nas classes de baixa renda". In: GOMES, P. B. (org.). *Vínculos amorosos contemporâneos: psicodinâmica das novas estruturas familiares*. São Paulo: Callis, 2003.

Oliveira, M. C. "A família no limiar do ano 2000". *Revista Estudos Feministas*, Florianópolis, v. 4, n. 1, p. 55-63, 1996.

Projeto de Lei Nº 2285/2007 do Dep. Sérgio Barradas Carneiro, dispondo sobre o Estatuto das Famílias. Disponível em <http://www2.camara.gov.br/proposicoes>. Último acesso jul. 2008.

Sarti, C. *A família como espelho: um estudo sobre a moral dos pobres*. Campinas: Fapesp/Autores Associados, 1996.

Souzas, R.; Alvarenga, A. T. de. "Da negociação às estratégias: relações conjugais e de gênero no discurso de mulheres de baixa renda em São Paulo". *Saúde e Sociedade*, São Paulo, v. 10, n. 2, p. 15-34, ago./dez. 2001.

Sobre violência de gênero

AZEVEDO, M. A. (org.). *Mulheres espancadas: a violência denunciada*. São Paulo: Cortez, 1985. **(USP-NEV/FCC/PUC-SP)**

_____. *Violência contra a mulher*. São Paulo: Conselho Estadual da Condição Feminina, s.d. **(FCC)**

AZEVEDO, M. A.; GUERRA, V. N. de A. (orgs.). *Infância e violência doméstica: fronteiras do conhecimento*. São Paulo: Cortez, 1993. **(FCC/PUC-SP)**

BANDEIRA, L. M. "Violência sexual, imaginário de gênero e narcisismo". In: BANDEIRA, L. M.; SUÁREZ, M. (orgs.). *Violência, gênero e crime no Distrito Federal*. Brasília: UnB/Paralelo XV, 1999. **(FCC)**

BRANDÃO, E. "Renunciantes de direitos? A problemática do enfrentamento público da violência contra a mulher: o caso da delegacia da mulher". *Physis, Revista de Saúde Coletiva*, Rio de Janeiro, v. 16, n. 2, p. 207-231, 2006.

CARVALHO, J. A. *O amor que rouba os sonhos*: um estudo sobre a exposição feminina ao HIV. São Paulo: Casa do Psicólogo, 2003.

COHEN, C. "O incesto". In: AZEVEDO, M. A.; GUERRA, V. N. de A. (orgs.). *Infância e violência doméstica*: fronteiras do conhecimento. São Paulo: Cortez, 1993, p. 211-225. **(USP-FM/USP-IP)**

GREGORI, M. F. "Cenas e queixas: mulheres e relações violentas". *Novos Estudos Cebrap*, São Paulo, n. 23, p. 163-175, mar. 1989. **(FCC)**

_____. *Cenas e queixas*: um estudo sobre mulheres, relações violentas e prática feminista. São Paulo: Paz e Terra, 1993a. **(FCC/PUC-SP/USP-IP/USP-FFLCH)**

_____. "As desventuras do vitimismo". *Revista Estudos Feministas*, Florianópolis, v. 1, n. 1, p. 143-149, 1993b. **(FCC)**

KAUFMAN, M. *The aim framework: addressing and involving men and boys to promote gender equality and end gender discrimination and violence*. Unicef, 31 mar. 2003. Disponível em <http://www.michaelkaufman.com/articles/pdf/the-aim-framework.pdf>. Último acesso em jul. 2008.

_____. *The 7 p's of men's violence*. Conferência proferida em Toronto, Canadá, 1998, como projeto conjunto da Unicef e da Unifem. Disponível em <www.michaelkaufman.com/articles/7ps.html>. Último acesso em jul. 2008.

MARIN, I. S. K. *Violências*. São Paulo: Escuta/Fapesp, 2002.

MUSZKAT, M. (org.). *Mediação de conflitos: pacificando e prevenindo a violência*. São Paulo: Summus, 2003.

MUSZKAT, S. "Novas práticas na abordagem de gênero e violência intrafamiliar". In: MUSZKAT, M. (org.). *Mediação de conflitos: pacificando e prevenindo a violência*. São Paulo: Summus, 2003.

_____. *Violência e masculinidade: uma contribuição psicanalítica aos estudos das relações de gênero*. 2006. Dissertação (Mestrado em Psicologia) – Instituto de Psicologia, Universidade de São Paulo. [mimeo]

ROTHMAN, E. F.; BUTCHART, A.; CERDA, M. *Intervening with perpetrators of intimate partner violence: a global perspective*. Genebra: World Health Organization, 2003.

SAFFIOTI, H. I. B. "Contribuições feministas para o estudo da violência de gênero". *Cadernos Pagu*, Campinas, n. 16, p. 115-136, 2001. **(FCC)**

_____. "Já se mete colher em briga de marido e mulher". *São Paulo em Perspectiva*, São Paulo, v. 13, n. 4, p. 82-91, out./dez. 1999. **(FCC)**

_____. "No fio da navalha: violência contra crianças e adolescentes no Brasil atual". In: MADEIRA, F. R. (org.). *Quem mandou nascer mulher? Estudos sobre crianças e adolescentes pobres no Brasil.* Rio de Janeiro: Rosa dos Tempos, 1997a, p. 56-64. **(USP-NEV)**

_____. Violência contra a mulher e violência doméstica. In: BRUSCHINI, C.; UNBEHAUM, S. (orgs.). *Gênero, democracia e sociedade brasileira.* São Paulo: 34, 2002. **(FCC)**

_____. "Violência doméstica ou a lógica do galinheiro". In: KUPSTAS, Márcia (org.). *Violência em debate.* São Paulo: Moderna, 1997b. **(Mack-CE)**

SCHRAIBER, L. B. *et al.* "Prevalência da violência contra a mulher por parceiro íntimo em regiões do Brasil". *Revista Saúde Pública*, São Paulo, v. 41, n. 5, p. 797-807, 2007.

_____. "Violência contra mulheres entre usuárias de serviços públicos de saúde da Grande São Paulo". *Revista Saúde Pública,* São Paulo, v. 41, n. 3, p. 359-367, 2007.

Outras leituras de interesse

BATESON, G. *Steps to an ecology of mind.* Nova York: Ballantine Books, 1971.

Bourdieu, P. (org.). *A miséria do mundo*. Petrópolis: Vozes, 1998.

Godelier, M. "A parte 'ideal' do real". In: Carvalho, E. de A. (org.). *Antropologia*. São Paulo: Ática, 1981, p. 185-203.

Bibliotecas em São Paulo (SP)

FCC (Fundação Carlos Chagas)
Biblioteca Ana Maria Poppovic
Av. Prof. Francisco Morato, 1565, Jd. Guedala
CEP 05513-900 São Paulo, SP
Tels.: (0xx11) 3723-3083 / (0xx11) 3723-3084
E-mails: vriquena@fcc.org.br / mjsouza@fcc.org.br

Mack-CE (Universidade Presbiteriana Mackenzie)
Biblioteca Central George Alexander
Rua da Consolação, 896, Prédio 02, Consolação
CEP 01302-907 São Paulo, SP
Tels.: (0xx11) 2114-8308 / (0xx11) 2114-8302
E-mails: biblio.per@mackenzie.br /
suporte.pergamum@mackenzie.br / roselym@mackenzie.br

Mack-DI (Universidade Presbiteriana Mackenzie)
Biblioteca de Direito
Rua da Consolação, 896, Prédio 03, Consolação
CEP 01302-907 São Paulo, SP
Tels.: (0xx11) 2114-8308 / (0xx11) 2114-8302
E-mails: biblio.per@mackenzie.br /
suporte.pergamum@mackenzie.br / roselym@mackenzie.br

Mack-EFT (Universidade Presbiteriana Mackenzie)
Biblioteca da Educação Física / Campus Tamboré
Av. Mackenzie, 905, Tamboré
CEP 06460-130 Barueri, SP
Tel.: (0xx11) 3555-2131
E-mail: ccbs.ef@mackenzie.br

PUC–SP (Pontifícia Universidade Católica de São Paulo)
Biblioteca Nadir Gouvêa Kfouri – Campus Monte Alegre
Rua Monte Alegre, 984, Edifício Reitor Bandeira de Mello, térreo,
Perdizes CEP 05014-901 São Paulo, SP
Tels.: (0xx11) 3670-8265 / 3670-8024
E-mail: biblinak@pucsp.br

USP-FFLCH (Universidade de São Paulo)
Faculdade de Filosofia, Letras e Ciências Humanas
Av. Prof. Lineu Prestes, Trav. 12, 350, Cidade Universitária
CEP 05508-000 São Paulo, SP
Tels.: (0xx11) 3091-3770 / 3091-4377 / 3091-4504 / 3091-4587 /
3091-4847
Fax: (0xx11) 3091-5037
E-mail: saufflch@usp.br

USP-FM (Universidade de São Paulo)
Faculdade de Medicina
Av. Dr. Arnaldo, 455, 2.º Andar, Sala 2312, Consolação
CEP 01246-903 São Paulo, SP
Tels.: (0xx11) 3061-7266
Fax: (0xx11) 3085-0901
E-mail: sbd@biblioteca.fm.usp.br

USP-IP (Universidade de São Paulo)
Instituto de Psicologia
Av. Prof. Mello Moraes, 1721, Cidade Universitária
CEP 05508-900 São Paulo, SP
Tels.: (0xx11) 3091-4190
Fax: (0xx11) 3091-4392
E-mail: bibip@edu.usp.br

USP-NEV (Universidade de São Paulo)
Núcleo de Estudos sobre Violência
Av. Professor Lúcio Martins Rodrigues, Travessa 4, Bloco 2,
Cidade Universitária CEP 05508-900 São Paulo, SP
Tels.: 3091-4951
E-mail: nev@usp.br

Sites de busca bibliográfica na internet:

http://www.scielo.br
http://www.bireme.br
http://scholar.google.com.br

IMPRESSO NA

sumago gráfica editorial ltda
rua itauna, 789 vila maria
02111-031 são paulo sp
telefax 11 **2955 5636**
sumago@terra.com.br

MEDIAÇÃO FAMILIAR TRANSDISCIPLINAR

summus
editorial

CADASTRO PARA MALA-DIRETA

**Recorte ou reproduza esta ficha de cadastro, envie completamente preenchida por correio ou fax,
e receba informações atualizadas sobre nossos livros.**

Nome:_____ Empresa:_____

Endereço: ☐ Res. ☐ Coml. _____ Bairro:_____

CEP: _____-_____ Cidade: _____ Estado: _____ Tel.: ( )_____

Fax: ( ) _____ E-mail: _____ Data de nascimento: _____

Profissão:_____ Professor? ☐ Sim ☐ Não Disciplina: _____

1. Você compra livros:

☐ Livrarias   ☐ Feiras
☐ Telefone   ☐ Correios
☐ Internet   ☐ Outros. Especificar:_____

2. Onde você comprou este livro?

_____

3. Você busca informações para adquirir livros:

☐ Jornais   ☐ Amigos
☐ Revistas   ☐ Internet
☐ Professores   ☐ Outros. Especificar:_____

4. Áreas de interesse:

☐ Educação   ☐ Administração, RH
☐ Psicologia   ☐ Comunicação
☐ Corpo, Movimento, Saúde   ☐ Literatura, Poesia, Ensaios
☐ Comportamento   ☐ Viagens, *Hobby*, Lazer
☐ PNL (Programação Neurolingüística)

5. Nestas áreas, alguma sugestão para novos títulos?

_____

6. Gostaria de receber o catálogo da editora? ☐ Sim ☐ Não

7. Gostaria de receber o Informativo Summus? ☐ Sim ☐ Não

cole aqui

Indique um amigo que gostaria de receber a nossa mala direta

Nome:_____ Empresa:_____

Endereço: ☐ Res. ☐ Coml. _____ Bairro:_____

CEP: _____-_____ Cidade: _____ Estado: _____ Tel.: ( )_____

Fax: ( ) _____ E-mail: _____ Data de nascimento: _____

Profissão:_____ Professor? ☐ Sim ☐ Não Disciplina: _____

Summus Editorial
Rua Itapicuru, 613 7º andar 05006-000 São Paulo - SP Brasil Tel. (11) 3872-3322 Fax (11) 3872-7476
Internet: http://www.summus.com.br   e-mail: summus@summus.com.br

------ dobre aqui ------

CARTA-RESPOSTA
NÃO É NECESSÁRIO SELAR

O SELO SERÁ PAGO POR

AC AVENIDA DUQUE DE CAXIAS
1214-999 São Paulo/SP

------ dobre aqui ------